AF318068

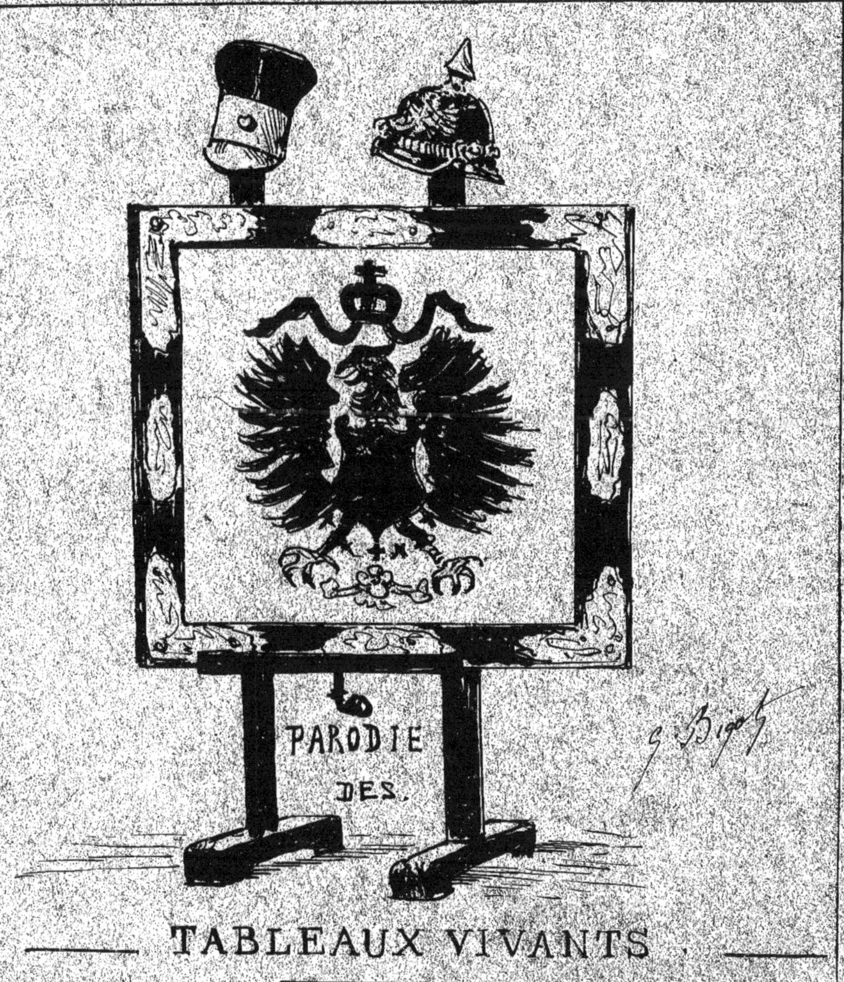

TABLEAUX VIVANTS

Représentation du 12 Mars 1887 à Tokio.

Avis à nos lecteurs.

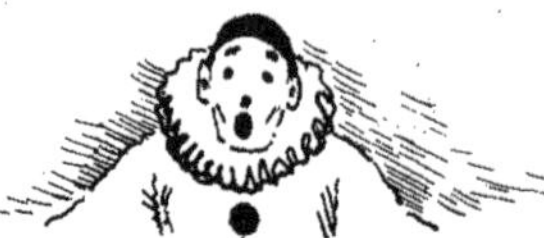

Samedi 12 Mars 1887, une représentation extraordinaire de Tableaux vivants a été donnée à Tokio, au profit de l'œuvre de la Croix Rouge.

En présence de l'immense succès, très-mérité, de cette soirée, parfaite à tous égards, et aussi Allemande que l'on peut le désirer, le Comité des Actionnaires du Tôbaé n'a reculé devant aucun sacrifice. Beaucoup de personnes n'ont pu assister à la représentation. L'Administration du Tôbaé se fait un devoir de les dédommager. Une publication spéciale est préparée dans ce but, pour paraître très-prochainement.

Nous avons engagé spécialement, et à des prix énormes, les principaux barbouilleurs et gratte-papier de la Capitale.

Toute œuvre magistrale mérite une Parodie — C'est donc une parodie que nous offrons au Public.

Nos prix seront modérés — les mêmes que pour la Représentation — C'est-à-dire:

Pour nos abonnés _ _ _ _ _ _ _ _ _ _ _ 2 yens,

Pour nos acheteurs au Numéro _ _ _ _ _ _ 2 yens également,

Enfin les Exemplaires de faveur seront payés _ _ _ 2 yens comme les autres.

En vente au Club Hotel _ N°5_ Yokohama .

La Rédaction.

Monsieur de Meyendorff —

Légation de Russie

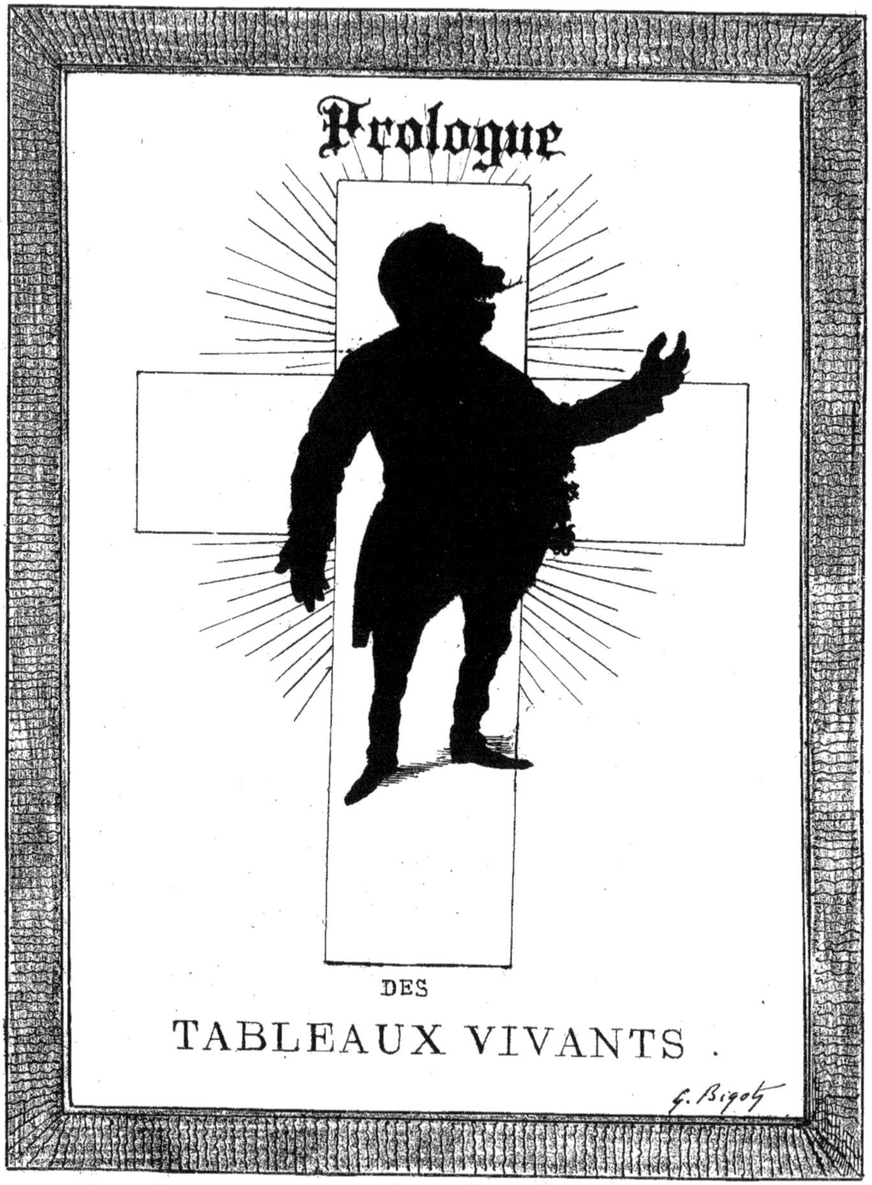

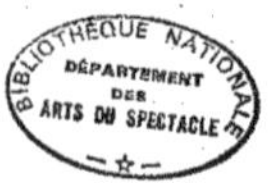

Prologue
DES
TABLEAUX VIVANTS.
G. Bigot

_ Prologue _

en ombres chinoises _

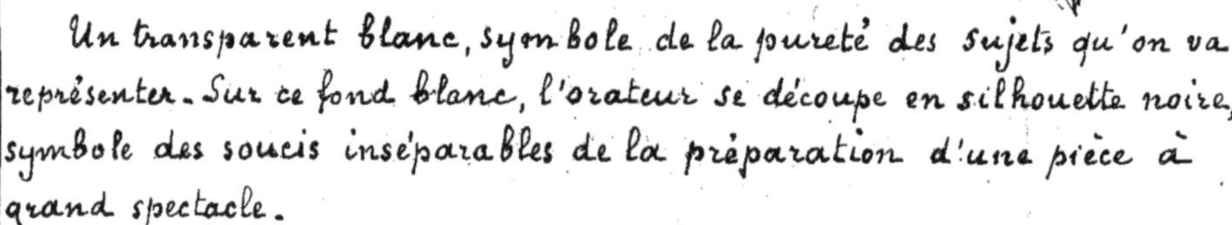

Un transparent blanc, symbole de la pureté des sujets qu'on va représenter. Sur ce fond blanc, l'orateur se découpe en silhouette noire, symbole des soucis inséparables de la préparation d'une pièce à grand spectacle.

L'orateur s'agite et prononce en Allemand le discours suivant, que nous prenons la liberté de traduire:

"Salut, Nobles Seigneurs! Salut aussi, Belles Dames!_ Pardon _ J'aurais dû commencer par les Dames! Que d'étoiles au Ciel! Et qui pourrait les nommer une à une? Je n'essaierai pas; nous n'aurions jamais fini pour neuf heures.

"Et puis, ce n'est pas de cela qu'il s'agit.

"Si vous avez une chaine d'or, gardez-la. Je ne vous la demande pas. Mais rappelez-vous que celui qui ne pratique pas la charité ne donne rien aux pauvres, et que celui qui n'a pas le cœur tendre ne connait pas l'amour.

"Ce n'est pas pour vous que je dis cela. Vous pratiquez la Charité, puisque vous êtes ici_ Et quant à l'amour, j'espère bien que vous ne donnez pas votre part aux chiens!

"Vous êtes serrés, et pourtant la salle est vaste. Je la voudrais encore plus vaste et encore plus pleine_ Je crois que toutes les

dames sont assises. C'est le principal. Beaucoup de Seigneurs resteront debout, mais ils ne s'en plaindront pas. Je vois déjà leurs nobles nez plonger dans les odorantes chevelures de leurs gracieuses voisines, et leurs narines aristocratiques se dilatent de volupté.

"Bientôt, la chaleur aidant, les tableaux excitants que vous allez voir allumeront une douce flamme dans les regards des Dames. Déjà, les yeux des chevaliers étincellent.

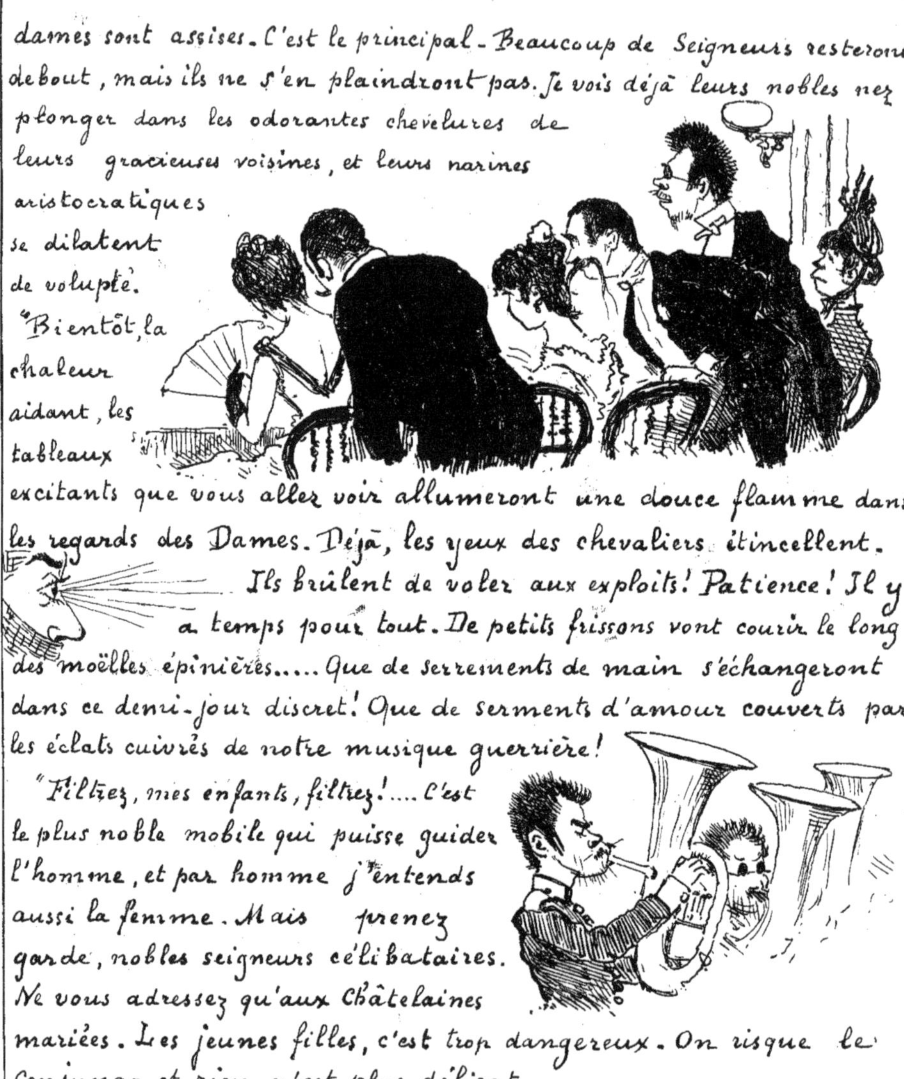

Ils brûlent de voler aux exploits! Patience! Il y a temps pour tout. De petits frissons vont courir le long des moëlles épinières..... Que de serrements de main s'échangeront dans ce demi-jour discret! Que de serments d'amour couverts par les éclats cuivrés de notre musique guerrière!

"Filtrez, mes enfants, filtrez!..... C'est le plus noble mobile qui puisse guider l'homme, et par homme j'entends aussi la femme. Mais prenez garde, nobles seigneurs célibataires. Ne vous adressez qu'aux Châtelaines mariées. Les jeunes filles, c'est trop dangereux. On risque le Conjungo et rien n'est plus délicat.

IL FAUT DES EPOUX ASSORTIS, voilà la grosse affaire! L'histoire du Sire de Framboisy l'a déjà démontré. Notre spectacle va vous en donner une nouvelle preuve.

« La scène se passe au Japon. Nous avons évité avec soin le passé et le présent. On aurait pu y découvrir des allusions loin de notre pensée. Nous représentons le Japon de l'avenir. Un Japon où il n'y aura plus de Japonais. Rien que des Allemands............ avec quelques Anglais pour les aider ! »

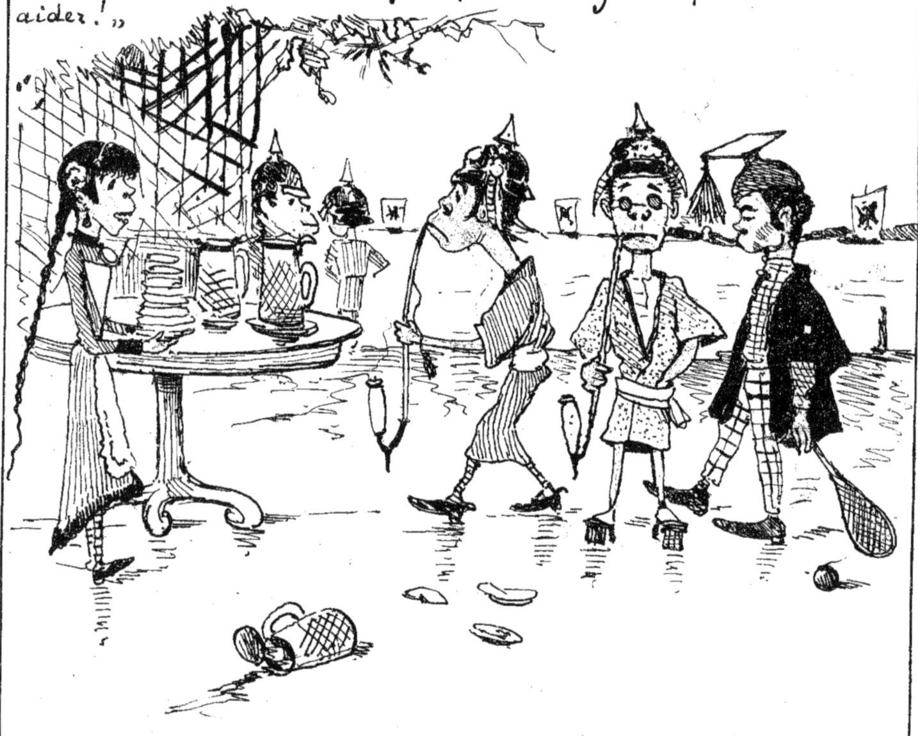

Fin du Prologue.

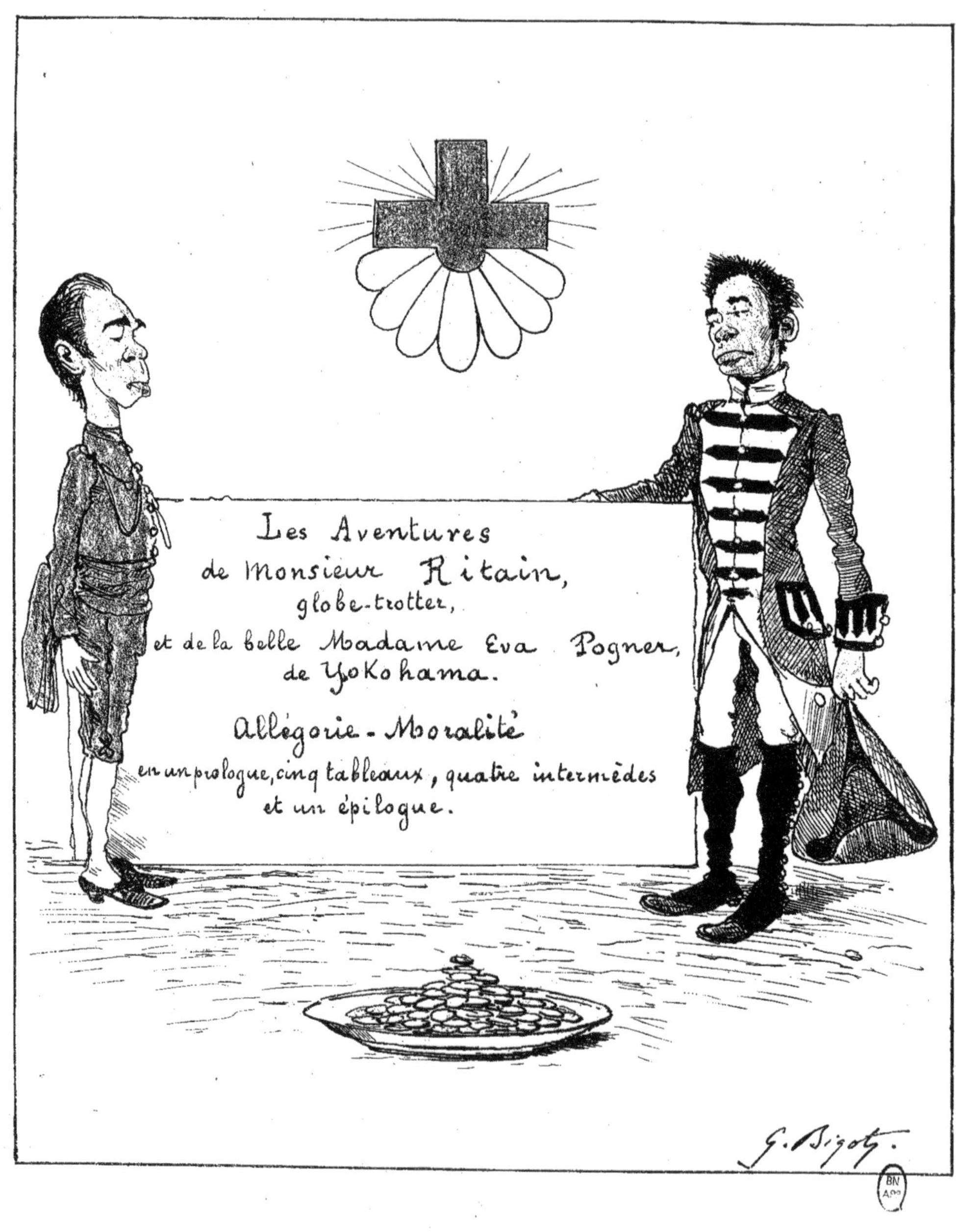

Les Aventures
de Monsieur Ritain,
globe-trotter,
et de la belle Madame Eva Pogner,
de Yokohama.

Allégorie - Moralité
en un prologue, cinq tableaux, quatre intermèdes
et un épilogue.

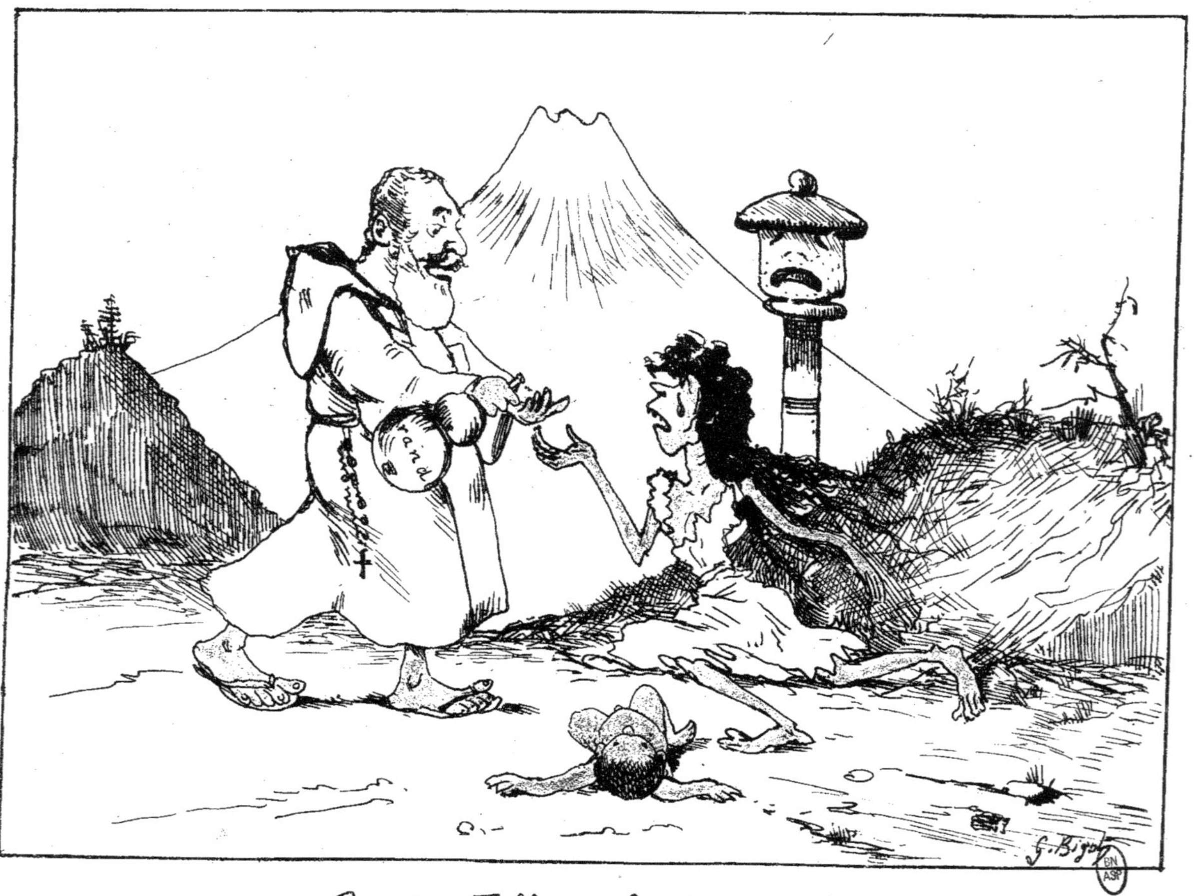

Premier Tableau - La Rencontre.

Iᵉ TABLEAU

La Rencontre

La Scène se passe sur l'Otomi-Tōge. Au fond, on aperçoit le Fuziyama.

Monsieur Ritain, globe-trotter, (En Japonais Sama-Ritain, ou plus correctement Ritain Sama) revient de l'ascension du Fuziyama. C'est au mois d'Août, seule époque où cette ascension soit possible. Il fait très-chaud. Ritain-Sama est vêtu seulement d'une longue chemise blanche, avec des agréments rouges qui en font un costume coquet. Il porte en sautoir une gourde de Cognac.

A l'Otomi-Tōge, il rencontre Madame Pogner de Yokohama. Cette dame est presque folle de douleur. Elle raconte son histoire à Ritain-Sama. Son mari, trop vieux pour elle, et très-jaloux, car elle est jeune et belle, l'injurie et la maltraite.

IL FAUT DES ÉPOUX ASSORTIS, nous ne saurions trop le répéter. Elle a fui le toit conjugal, emportant son jeune enfant, sa seule consolation. Elle était tellement troublée qu'elle s'est habillée à la hâte, n'importe comment. Elle a mis la première robe venue, une toilette de soirée, blanche et bleue, bien incommode dans les montagnes. Elle a oublié ses bas et ses bottines

Son intention est de grimper au Fuziyama, et de

s'installer pour le reste de ses jours à la dixième station, où elle s'occupera de l'éducation de son fils. Au moins, là, son mari la laissera tranquille. Mais elle a trop présumé de ses forces. Son enfant meurt de faim. Elle même ne peut plus se soutenir. Ritain-Sama lui offre une gorgée de Cognac. Elle accepte.

— Buvez à même, dit Ritain-Sama.

— Non, répond elle. Vous avez peut-être quelque vilaine maladie que j'attraperais en buvant à votre gourde. Je n'ai pas confiance. Donnez m'en seulement dans le creux de ma main.

Alors, Ritain-Sama lui parle raison.

— Vous ne pouvez pas voyager dans un pareil dénûment. Cela n'a pas de bon sens. Je vais vous ramener à Yokohama. Il faut vous réconcilier avec votre mari. En attendant, prenez mon bras, et allons nous restaurer dans une tchaya.

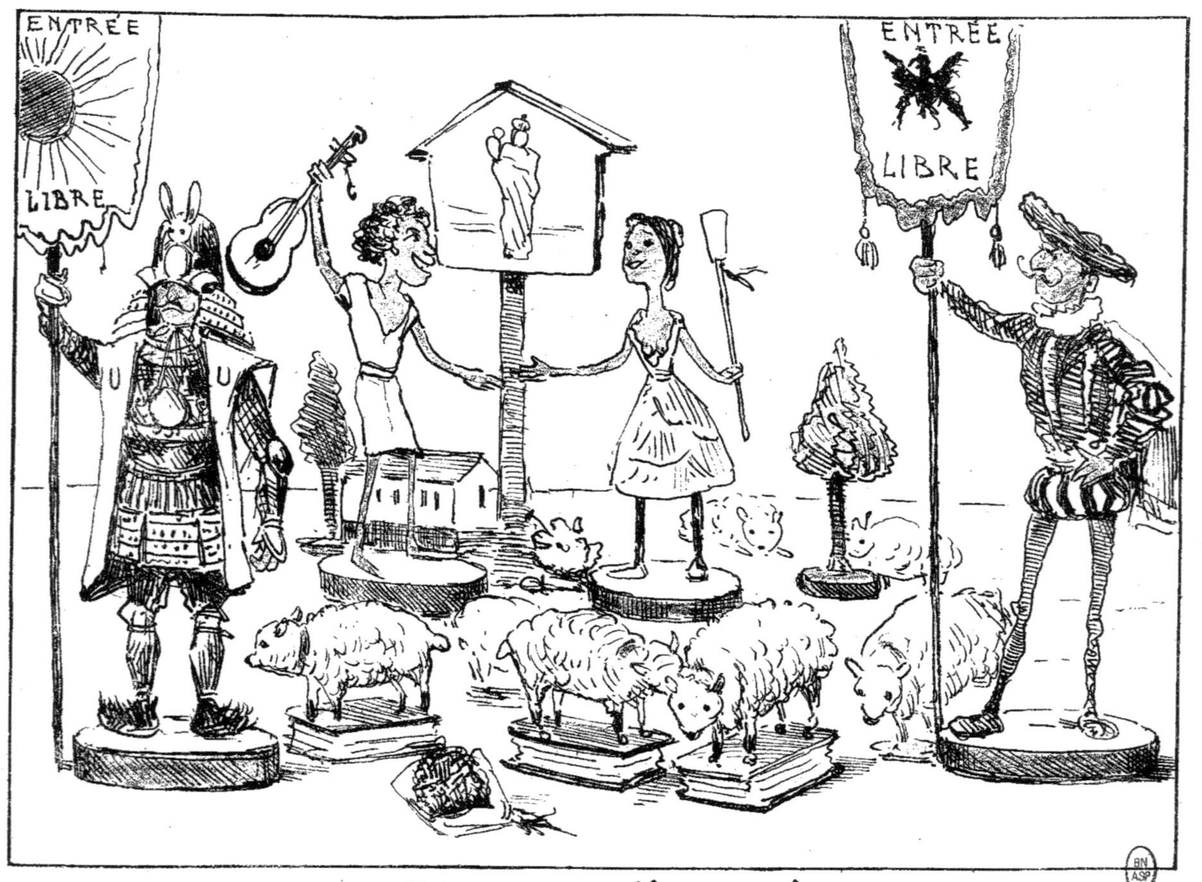

Premier Intermède . Tableau-réclame .

1ᵛ INTERMÊDE.

Tableau - Réclame

La Scène représente l'exposition d'un magasin de confections. Nouveautés pour la belle saison. Costumes d'été pour jeunes gens et jeunes filles — A droite et à gauche deux mannequins portent des bannières, sur lesquelles on lit : ENTRÉE LIBRE. Le mannequin de droite est vêtu d'un costume à crevés, libre circulation de la brise — fraîcheur garantie — Le mannequin de gauche représente un Guerrier Japonais, article de haute curiosité, le seul qui reste dans le pays.

Un troupeau de moutons se promène dans l'étalage — Fine Allégorie : les lainages d'hiver sont encore sur pied — On a tout le temps de les tondre, de les dégraisser et de les tisser, avant le retour de la saison froide. Quelques articles de Phantaisie (orthographe du Programme), tels que guitares, bouquets de fleurs, statuettes en simili-plâtre, complètent ce gracieux ensemble.

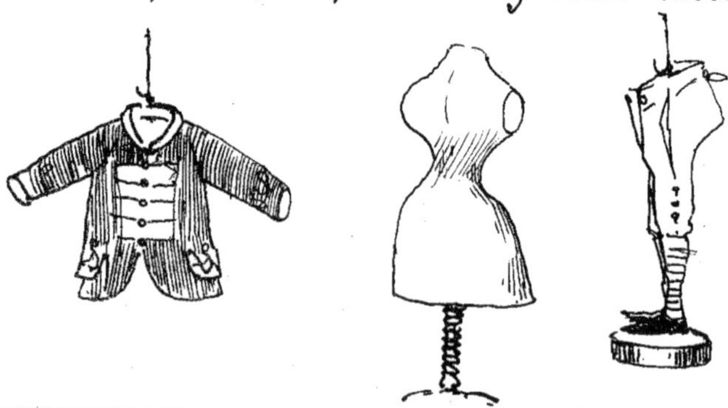

IIᵉ TABLEAU

La Séduction

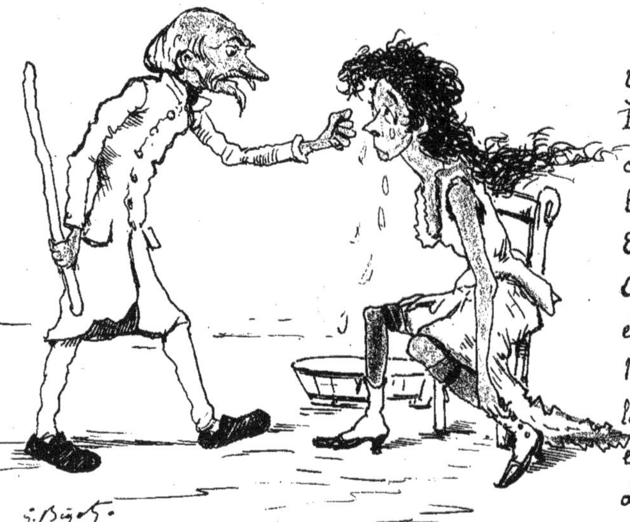

Une rue de Yokohama. Mᵐᵉ Pogner est rentrée chez son mari, qui l'a fort mal reçue. Et il a eu tort. C'est encore une épouse vertueuse. Mais plus pour longtemps. Déjà elle médite cette douce vengeance, que toutes les femmes ont à leur disposition. LES UNIONS ASSORTIES, voyez vous, tout est là. Ritain-Sama en est amoureux fou, et la presse de couronner sa flamme coupable. Pour détourner les soupçons, il s'est établi marchand de marrons, dans une échoppe à l'angle de deux rues, près de chez les Pogner.

On aperçoit Ritain Sama dans son échoppe, madame Pogner vient le voir, sous prétexte de deux sous de châtaignes.

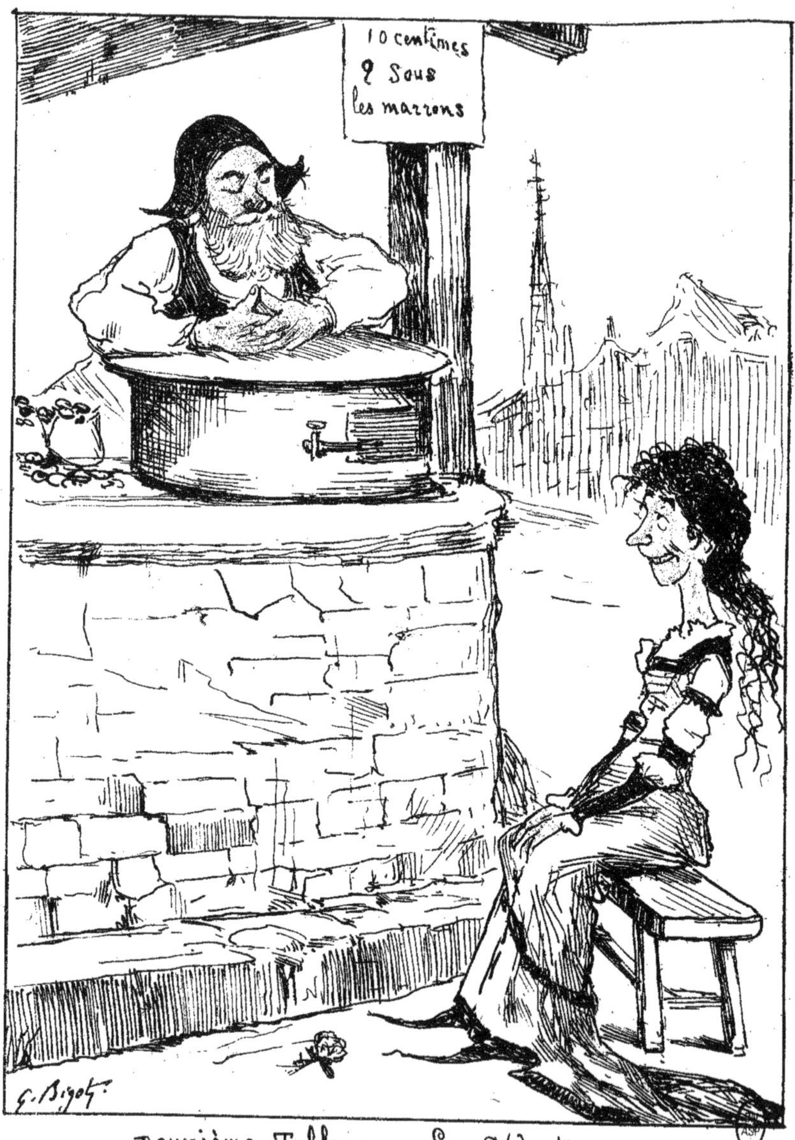

Deuxième Tableau — La Séduction.

Elle a fait une ravissante toilette, blanche et grenat. Elle s'assied sur un banc, contre l'échoppe. Elle a l'œil brillant et la bouche souriante.

— Être aimé d'elle cinq minutes, et mourir ! murmure Ritain. Sama.

Alors il lui fait une déclaration brûlante.

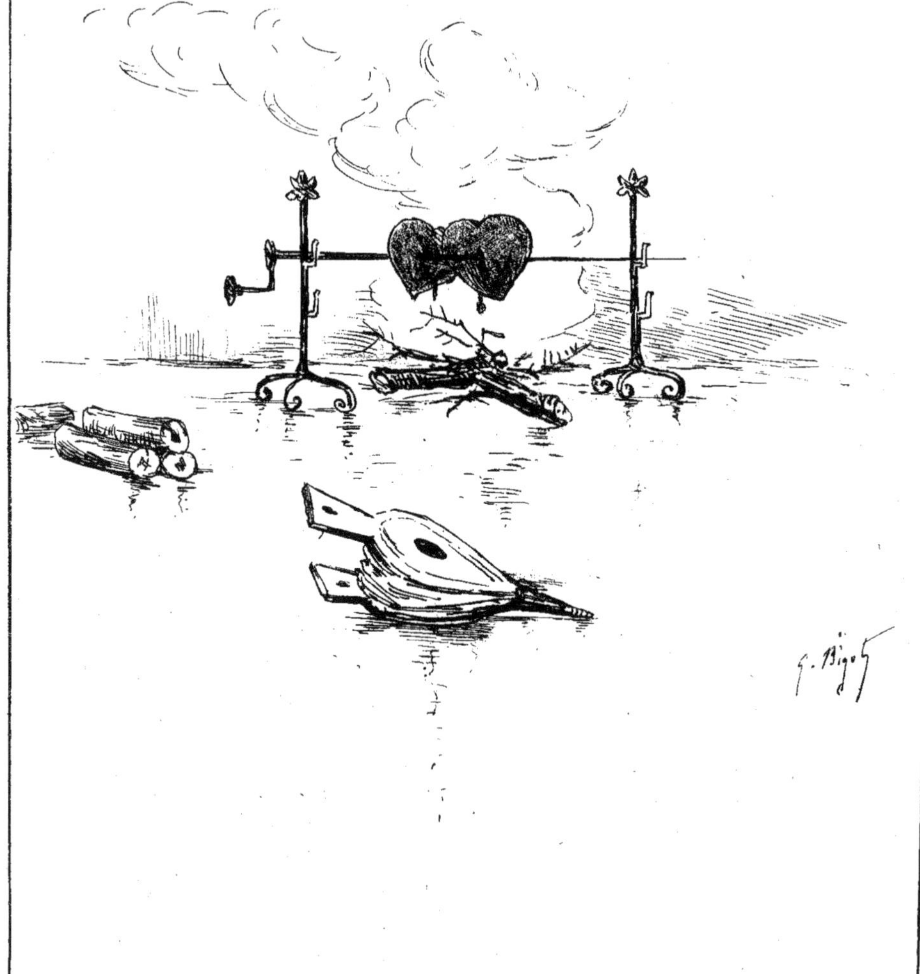

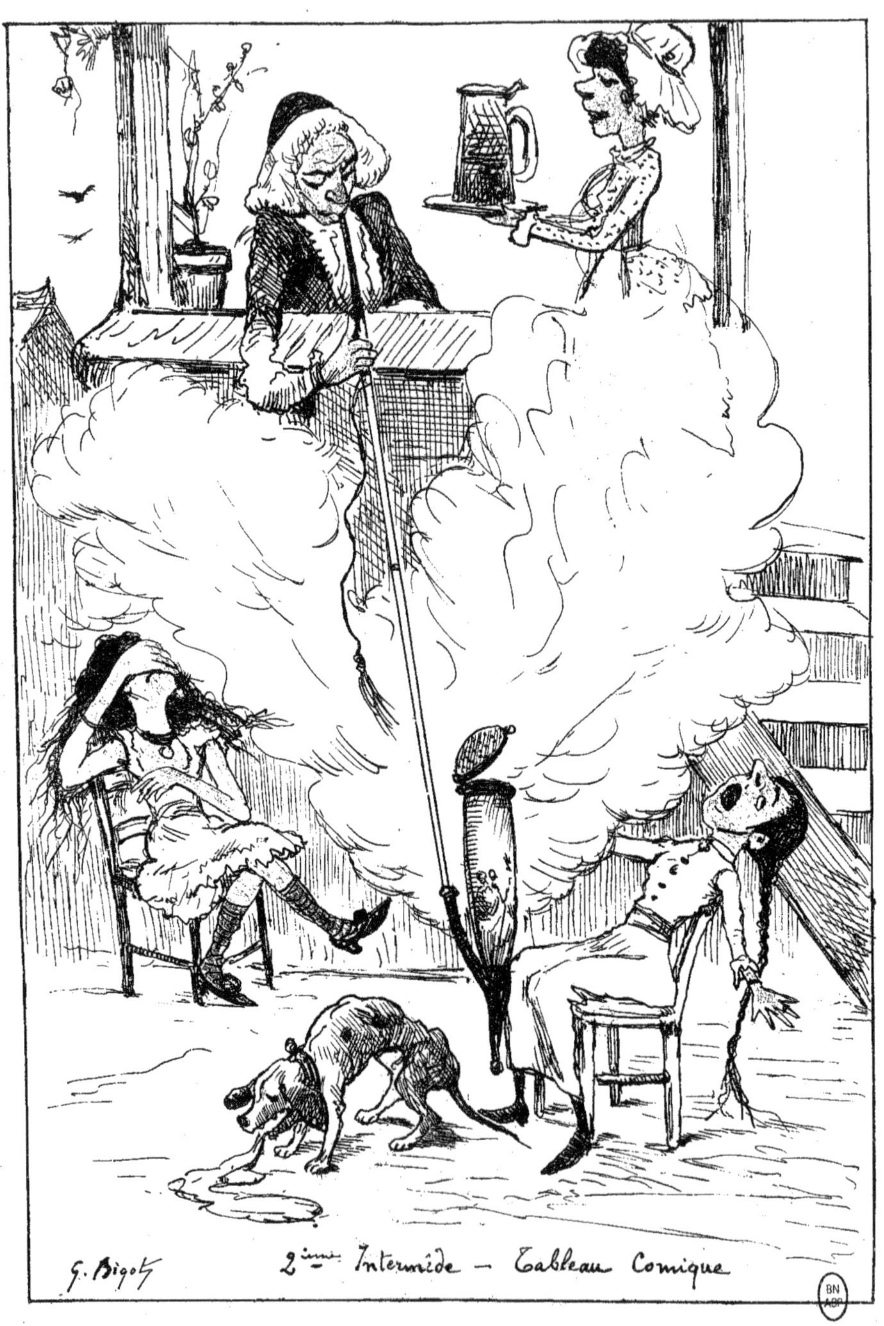

2ᵐᵉ Interméde — Tableau Comique

IIᵉ INTERMÈDE

Tableau Comique.

Le tableau représente une farce de fumiste. Un vieux Monsieur plein de gaîté (Goethe - orthographe du programme) demeure avec plusieurs dames. Le vieux Monsieur a deux vices, insupportables à ces Dames — Il fume et il boit. La fumée de Tabac surtout, incommode ses aimables voisines. Aussi ont-elles relégué le vieux Monsieur avec ses pipes au Nikaï de la maison, et elles occupent le rez-de-chaussée. De temps en temps, l'une d'elles lui monte une bouteille de quelque chose, pour qu'il ne s'ennuie pas.

Mais le vieux Monsieur rit sournoisement. "Attends, attends, dit-il, je vais les attraper!" Alors il fait faire exprès une pipe de plusieurs mètres de longueur et il la laisse pendre par la fenêtre. Pendant que ces dames prennent le frais devant la porte, l'une lisant et l'autre filant, le fourneau de la pipe du vieux se balance entre elles et les aveugle de tourbillons de fumée — Le chien de la maison va s'asseoir plus loin en éternuant.

"Eh bien! crie le vieux par la fenêtre, c'est au premier étage qu'on fume, et c'est au Rez-de-chaussée qu'on tousse et qu'on se pique les yeux!..... Celles qui voudront respirer le bon air monteront me tenir compagnie. Pas bête, hein? »

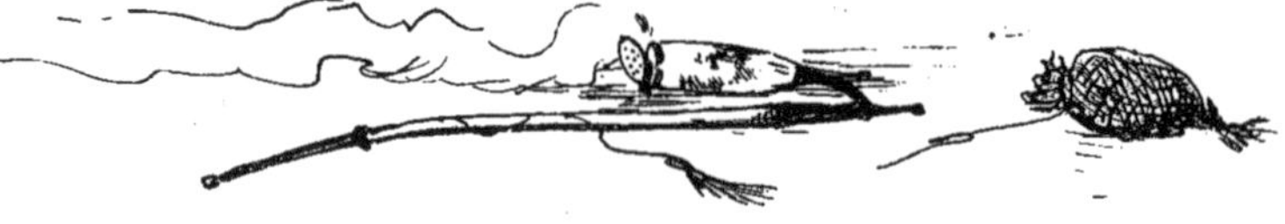

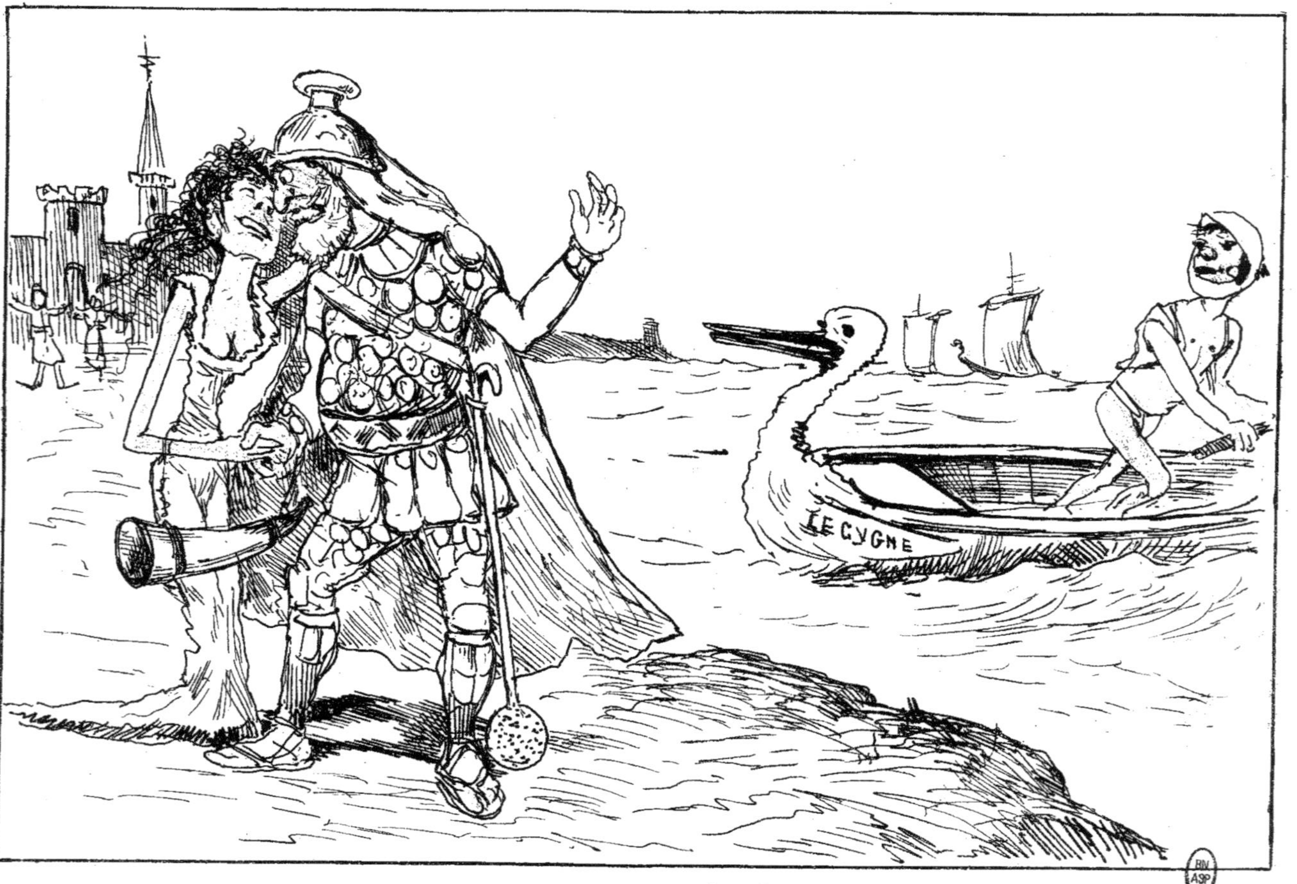

3ᵉᵐᵉ Tableau — La Fuite.

IIIe TABLEAU

La Fuite

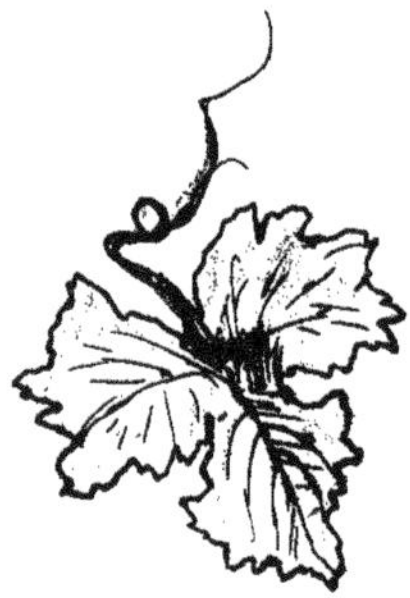

Entre le 2e Tableau, décrit tout à l'heure, et celui-ci, on aurait pu mettre comme intermède une feuille de vigne. Mon Dieu, oui ! — Madame Pogner a cédé — DÉFAUT DES UNIONS MAL ASSORTIES, nous le répétons encore. Et nous voici arrivés au moment où le globe-trotter Ritain-Sama ne peut pas prolonger davantage son séjour à Yokohama.

Mais Madame Pogner ne veut plus le quitter. Elle part avec lui. Ils ont forcé la caisse, et ils emportent l'argent du vieux Pogner. Il faut bien vivre, n'est ce pas ?

La Scène représente l'embarquement — Ritain-Sama est un gaillard solide, mais c'est égal — Il a réalisé en métal les fonds de la maison Pogner, et il y en a lourd de piastres ! Pour que cela ne le gêne pas trop en voyage, il a eu l'ingénieuse idée de s'en faire faire un vêtement complet, or et argent. Le poids se trouve ainsi réparti également sur tout le corps. Il a mis sur sa tête la pièce du milieu du service de table, pièce importante d'argenterie.

Eva Pogner l'accompagne — Leurs mains unies tiennent une

corne, symbole qui indique clairement à quel point en sont leurs relations.

Un Sampan s'approche _ Ritain Sama lui fait signe (cygne - orthographe du programme) _ On voit venir au loin le vieux Pogner et ses domestiques, qui crient au voleur. Mais il est trop tard _ Les fugitifs gagnent le large, abandonnant l'enfant, qui les aurait gênés, et laissant la colère du mari outragé tomber sur la cuisinière Ortrud (comme qui dirait Gertrude) qui a servi leurs amours.

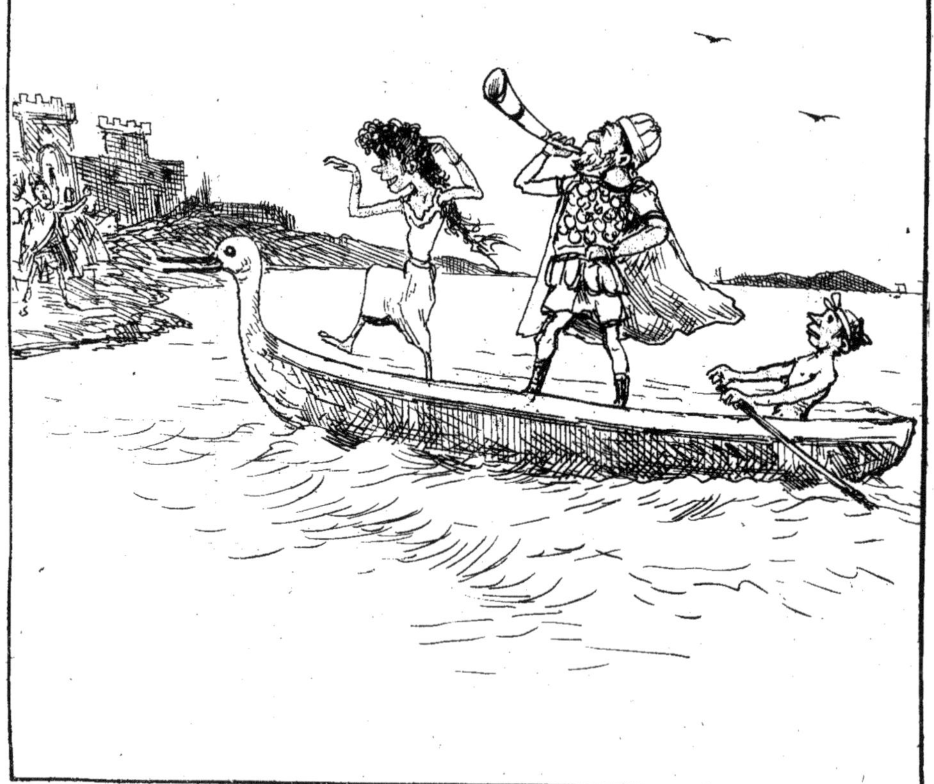

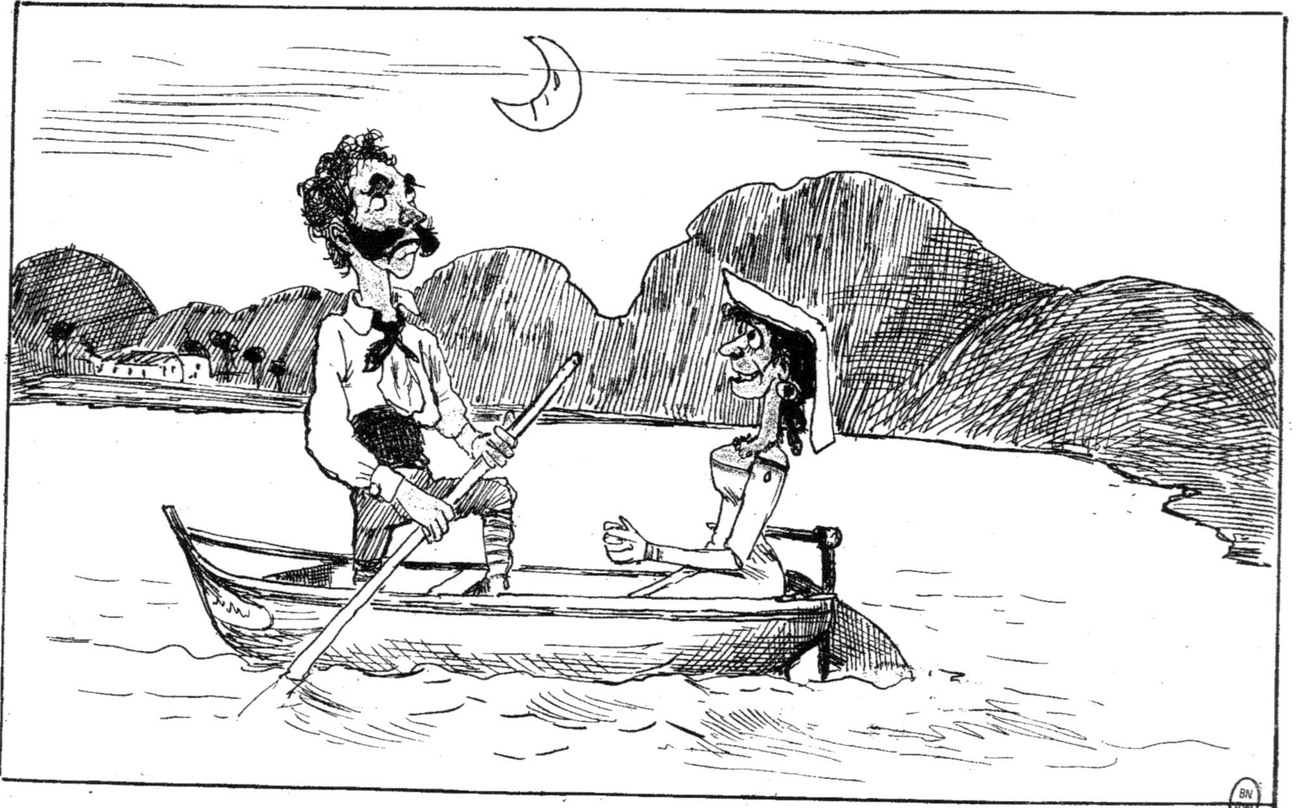

3 ème Intermède - Tableau industriel.

12

IIIᵉ INTERMÊDE

Tableau industriel.

Le tableau s'appelle "le triomphe du tourneur."

Un ouvrier tourneur d'objets en bois a eu l'ambition de faire un paysage au tour. Il a tourné des montagnes rondes, des maisonnettes rondes en bois, des petits clochers ronds comme des minarets, des petits arbres ronds. Il a tourné un petit lac, rond également — Enfin, dans ce gracieux décor, il a mis une petite femme en bois faite au tour, qu'il a habillée comme lui en rouge et jaune. Il la promène sur son petit lac, et il est fier de son œuvre — Une seule chose le désole, c'est de n'avoir pu tourner le bateau ; mais un bateau rond, cela n'existe pas — Ce ne serait plus un bateau, pense-t-il, ce serait un baquet — Il n'en faut pas.

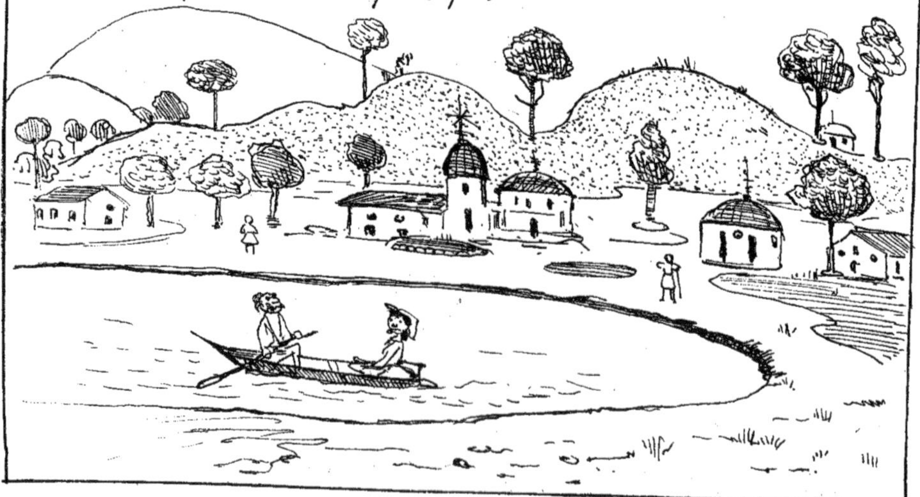

Après :
[illegible] avoir
[illegible] Madame
[illegible] d'abord,
[illegible]lonne,

[illegible]rotes
[illegible]ls en
[illegible]eu d[illegible]
[illegible]comp[illegible]
[illegible]fs v[illegible]

13

IV.ᵉ TABLEAU

— L'Ile déserte —

Après avoir été longtemps ballottés par les flots dans leur sampan, après avoir mangé leur batelier, faute de provisions, Ritain-Sama et Madame Pogner abordent dans une île sauvage et déserte. D'abord, ils se livrent au désespoir le plus sombre. La faim les talonne, et ils n'ont plus rien à se mettre sous la dent. Alors Ritain-Sama se sacrifie :

— "J'ai de beaux mollets, dit-il, mais ils ne me servent à rien. Nous allons les griller et les manger, cela nous fera toujours un repas !"

Malgré les protestations de sa compagne, il se coupe les mollets et les fait cuire. Ils en dévorent chacun un. Cet expédient les ranime et leur rend un peu de courage. Madame Pogner entoure les deux jambes de son compagnon avec du coton qu'elle avait dans son corsage. Puis ils vont visiter leur île.

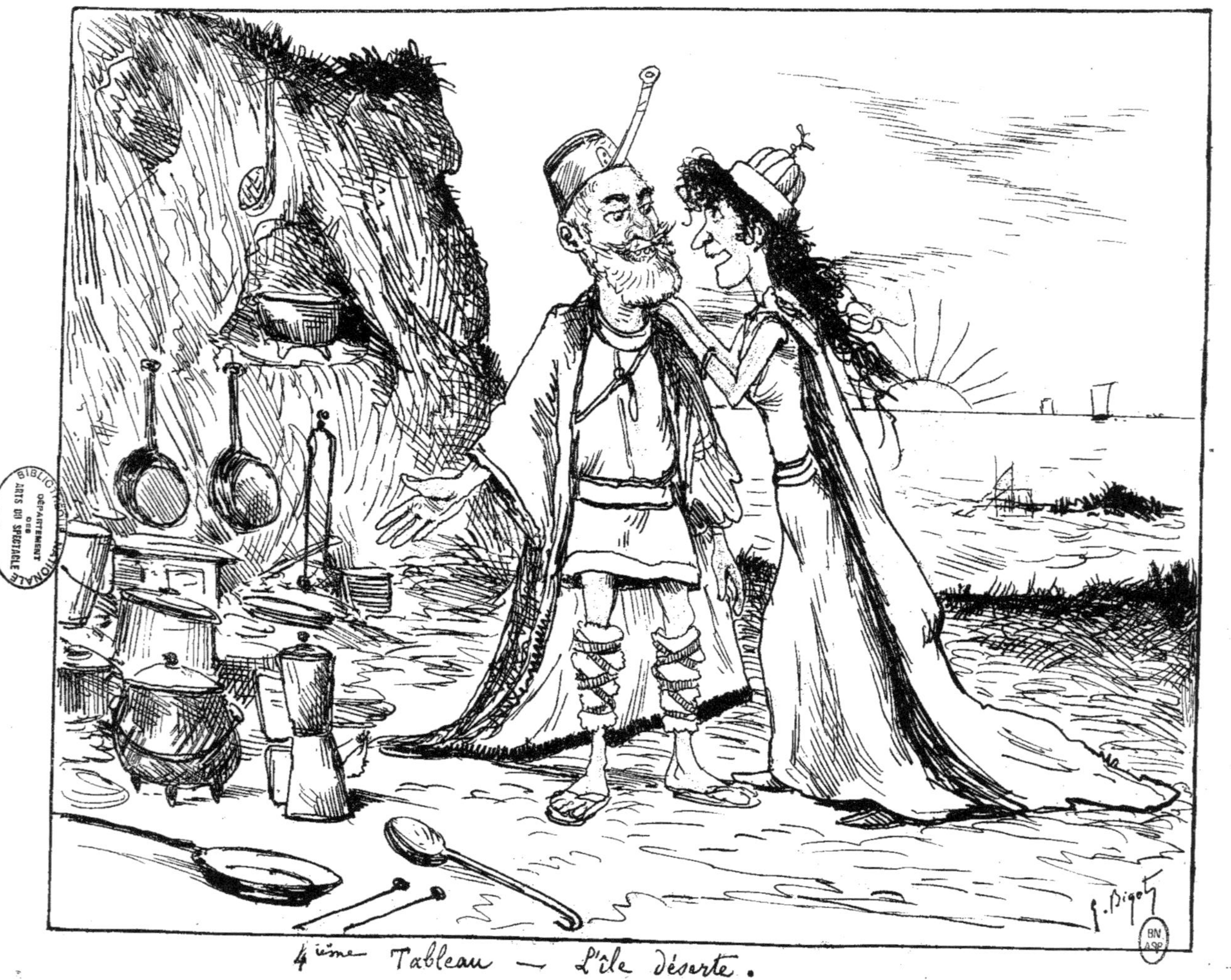

4ième Tableau — L'île déserte.

Voilà do…
…h découvre
…uvrage.
…La scèn…
…importante
…asseroles su…
— Tu …
— Un …
…ment besoin
…as l'air c…
— Qu…
…peut t'ap…
Et, en…
…its éclat…
…Walky…
…pet épisc…
…"c…
…umcai…
…pas de

14

Voilà donc enfin une **UNION ASSORTIE**. C'est le principal. Ils découvrent tout un chargement de quincaillerie, provenant d'un naufrage.

La scène les représente au moment où ils viennent de faire cette importante trouvaille. Dans leur joie d'enfants, ils se sont mis des casseroles sur la tête, des écumoirs au côté et des rôtissoires autour du corps.

— Tu ne trouves pas, dit Ritain Sama que je ressemble à Odin?

— Un Odin bien anodin, en tout cas, mon pauvre ami, tu as joliment besoin de te refaire! Et moi, avec ce moule à glaces sur la tête, n'ai-je pas l'air de Brunehaut?

— Quelle Brunehaut? Je connais Bruno le fileur. Et, au fait, on peut t'appeler Bruno la fileuse, puisque nous avons filé ensemble!

Et, enchantés de ces calembours, malgré leur pénible situation, ils éclatent de rire. Alors Ritain Sama donne le nom de "Valquirit" (Walkyrie — orthographe du programme, au sombre ravin dans lequel cet épisode se passe.

— "Allons, dit-il, tout n'est pas perdu. Nous allons nous établir quincaillers dans ce pays-ci, et comme l'île est déserte nous n'aurons pas de concurrents!"

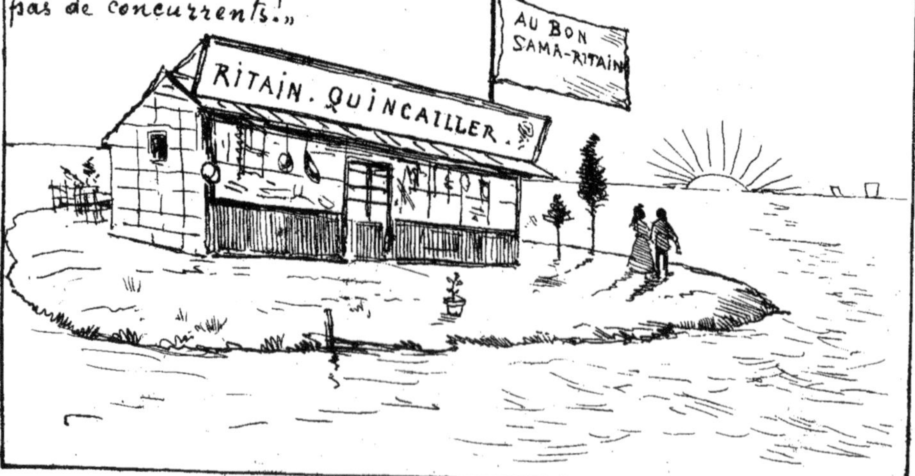

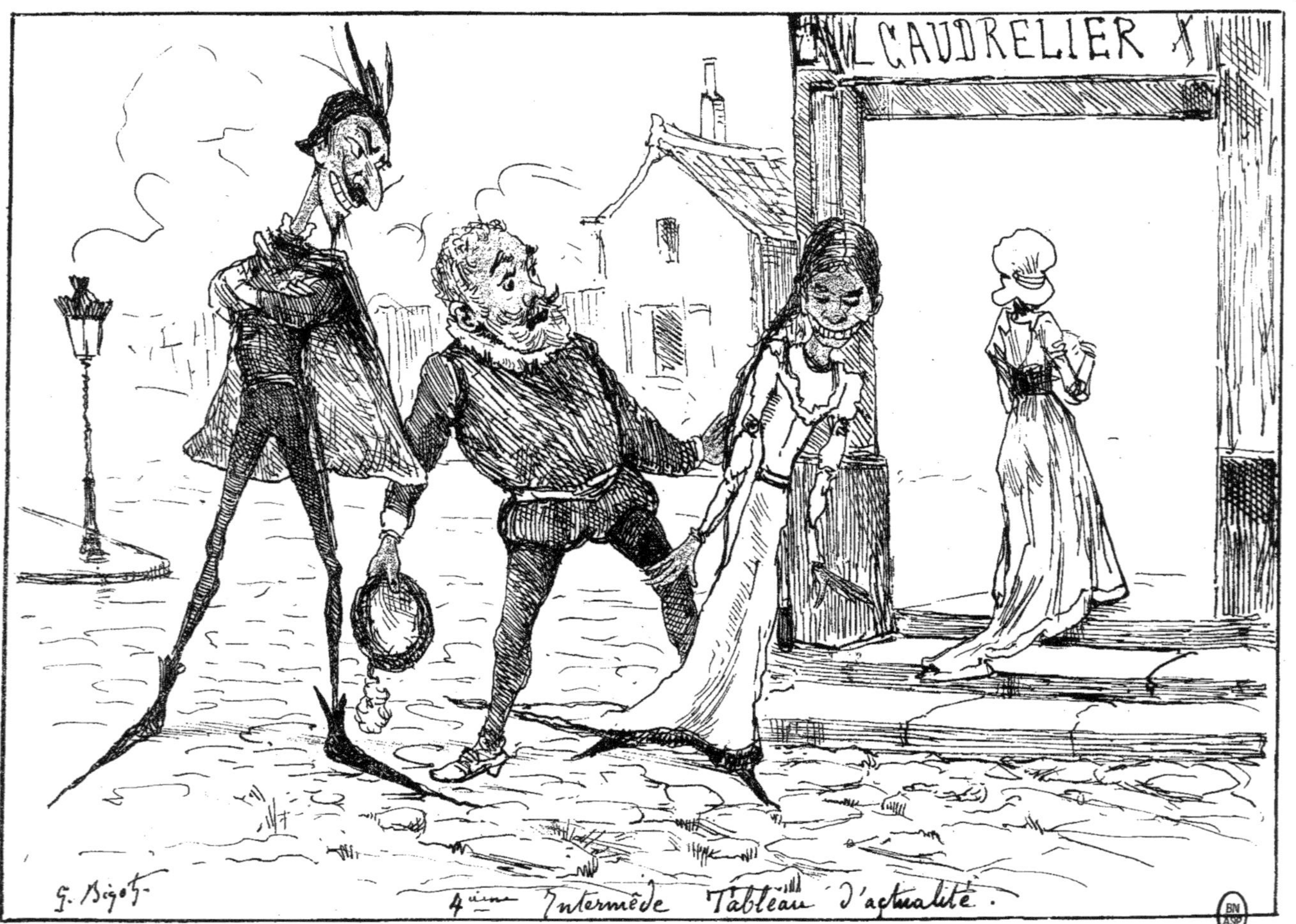
L CAUDRELIER X
G. Bigot
4ième Intermède Tableau d'actualité.

Il est qu
plaint. De
...ford, oi
...in.âge, l'
...n de ces j
ils passer
_ Mon e
squadrille
...ante, en
_ je par
_ je par
...i l'aut
Mais l'i
...re des o
...te mai
Moi!
...homm
ne pren
...ds! »

15

IVᵉ INTERMÊDE

Tableau d'actualité.

Il est question d'un bal costumé chez un homme politique influent. Deux jeunes gens, invités à ce bal, sortent de chez Lane & Crawford, où ils viennent de revêtir leurs costumes, tous deux moyen-âge, l'un rouge et l'autre violet, couleurs Impériales du Japon. L'un de ces jeunes gens est professeur de danse, celui au costume violet.

Ils passent devant chez l'audrelier.

— "Mon cher, dit le professeur de danse ils sont tellement enragés de quadrille, dans ce pays-ci, que je parie en organiser un, séance tenante, en pleine rue.

— Je parie que non.

— Je parie que si. Voilà justement deux dames, invitez en une et moi l'autre.

Mais l'homme rouge se croise les bras en ricanant, pendant que l'une des deux dames entre dans le magasin. Le professeur, sa toque à la main, aborde l'autre dame.

—Moi! s'écrie celle-ci. Moi, danser un quadrille dans la rue avec un homme du moyen-âge qui a des souliers Louis XVI! Pour qui me prenez-vous. ayez au moins un costume qui tienne sur ses pieds!.,

16

Vᵉ TABLEAU

——— Vingt ans après ———

Ritain Sama et sa compagne ont fait fortune dans leur commerce de quincaillerie. Madame Pogner est restée fidèle au compagnon choisi par son cœur. Elle lui a donné deux enfants, déjà grands. LES UNIONS ASSORTIES sont toujours bénies du Ciel.

La Scène représente la famille après le diner, dans l'arrière-boutique, séparée de la boutique par un rideau qu'on voit au fond. Madame Pogner est en train de servir un client. Car il va sans dire que l'île déserte s'est peuplée. C'est maintenant une Colonie Allemande. Ritain-Sama a repris son embonpoint et sa belle santé. Il trône dans un vaste fauteuil. Son fils et sa fille sont assis près de lui. Ces deux enfants passent leur vie à s'asticoter. Par esprit de contradiction, la demoiselle se coiffe tout en longueur, avec une grande natte, et le jeune homme tout en largeur, comme une tête de loup.

G. Ris.

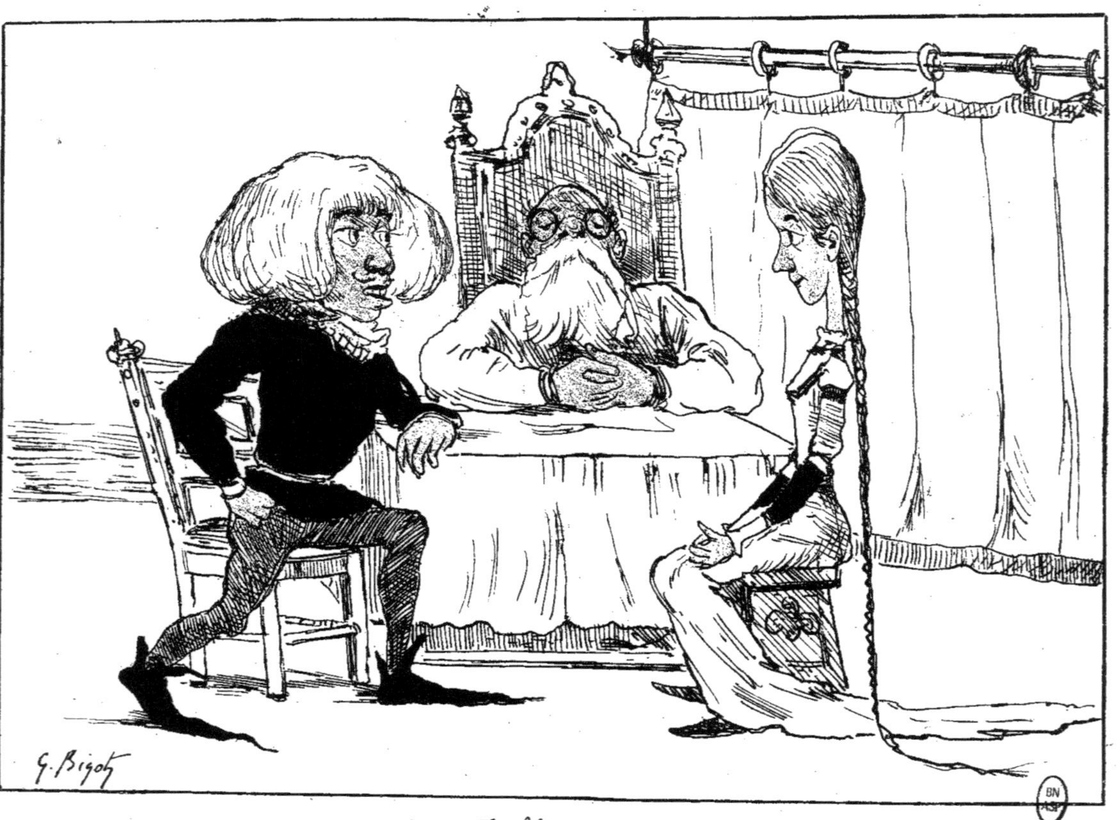

5ième Tableau – Vingt ans après.

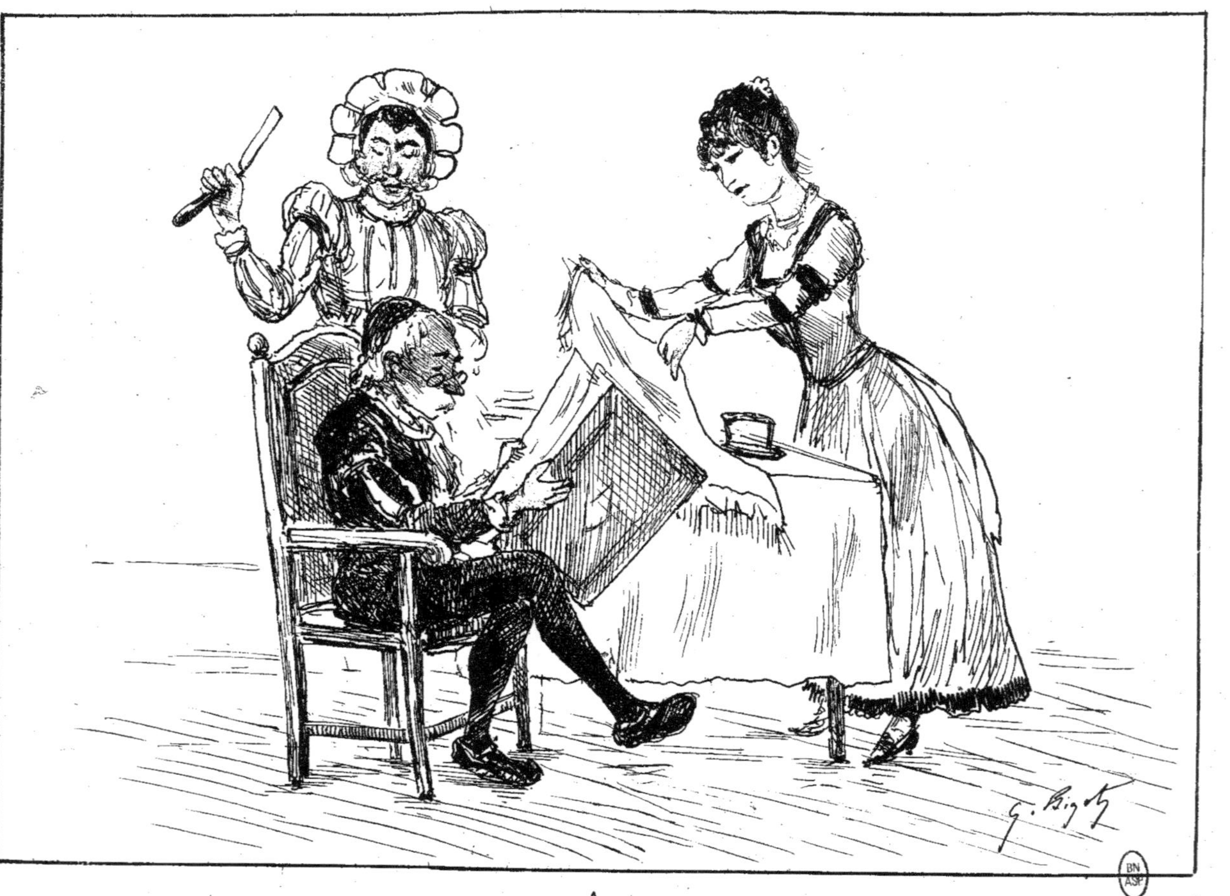

Epilogue.

17

EPILOGUE

Ce dernier Tableau est une Allégorie très-délicate.

Un vieux Monsieur, assis, dans un fauteuil, représente le Bon Public. On lui fait voir des images dans un grand livre à couverture rouge. C'est pour l'occuper. Il s'agit de le raser sans qu'il s'en aperçoive. Mais il a de la méfiance.

Un perruquier Allemand vient de lui frotter la figure avec du savon, qui mousse sur ses vieilles joues.

À présent, la question est de lui mettre la serviette autour du cou. C'est la Réclame qui s'en charge. Elle est représentée par une jolie femme, et c'est juste. La Réclame doit être séduisante. Elle se tient debout et regarde le bon homme d'un air engageant, tout en apprêtant la serviette.

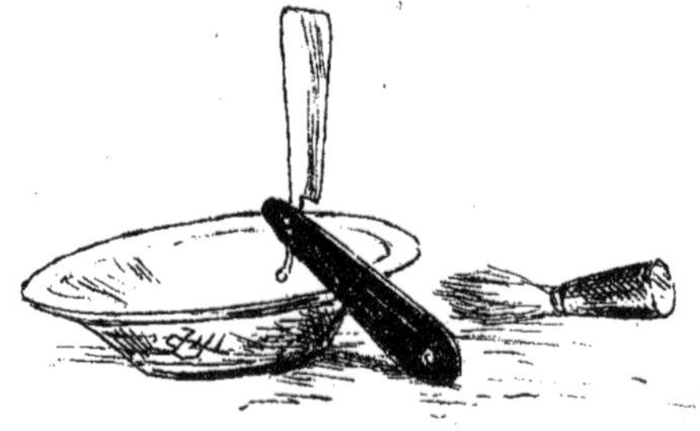

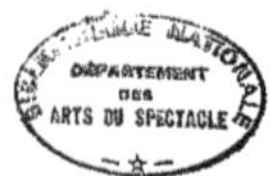

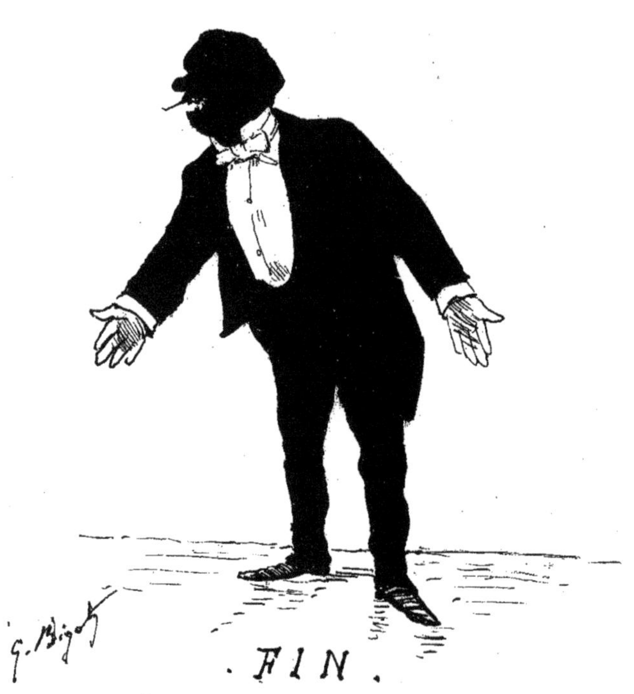

. FIN .